カトリック儀式書

ゆるしの秘跡

序文

今回、ラテン語規範版をもとに日本語の儀式書が作られるのを機会に、これまで使われてきた「告解の秘跡」という名称が「ゆるしの秘跡」に変更された。それは、前者が特殊な造語で意味も不明確なのに比べて、後者は「この秘跡の本質と恵みを明らかに表す」（典礼憲章 72）ものだからである。

ところで右の条文は、ゆるしの秘跡の式次第改訂の基本方針を示したものであり、これにしたがって、罪の種類と、その数の告白に重点を置いた、簡易裁判の進行過程のような従来の形に手を加え、回心が神の呼びかけによって始まるものであり、また罪のゆるしは、神への信頼の中に実る恵みであることが明らかに示されるような式文を作る必要があった。その具体化として、新しい式では個別告白の場合でも、式の始めに神のことばが朗読されることになり、秘跡定句も内容の深いものに改められた。

また、ゆるしの秘跡が、一時的な良心の気休めや、形式化した習慣的告白に堕することがないよう、かえって、全人間をあげて生涯絶え間なく続けられる回心の行為として、神のことばの朗読と、祈りと、励ましの中に、ゆるしの恵みをもたらすものとなるよう、告白の場所や姿勢についても司教協議会が適切な指示を与えることが定められた。

さらに新しい秘跡定句は、ゆるしの恵みが教会共同体を通して神から与えられることを明確にしているが、このことと関連して、罪とゆるしとには共同体的側面があることにも留意しなければならない。一人の罪は共同体を傷つけるが、回心に際しても、人はいっしょに神のことばを聴き、ともに反省し、互いに祈ることによって助け合うことができる。このため、個別告白を伴う共同回心式および回心の祭儀が、新しい式次第として導入された。

なお現代の状況では、天災や戦争のような非常時でなくても一般赦免の機会が起こり得るので、それについての規則と式文が定められたことも画期的である。

巻頭の緒言は、これらの点について詳しく述べており、ゆるしの秘跡についての新しい優れた司牧・典礼神学の摘要として、司牧者が必読すべきものである。

本書のラテン語規範版は一九七三年十二月に発行されたが、日本語訳の作成に際して、特に術語と定句の訳について、日本司教協議会の審議過程、さらに使徒座による認証の過程で難行したため、本書の発行が遅れたが、一九七六年五月に前者の認可を受け、一九七八年一月五日付で後者の認証を得た。本書の儀式と式文は今後、日本司教協議会が定める日から発効し、同時に従来の式次第は廃止される。

一九七八年三月五日

典礼委員長　長江　恵

※一九八八年度臨時司教総会の決定に従い、第3版より、主の名の表記は「イエス」に統一した。

※一九九九年度臨時司教総会の決定に従い、第4版より、「主の祈り」を聖公会・カトリック共通訳「主の祈り」に変更した。

日本カトリック司教協議会

目次

教令

主イエス・キリストは、その死と復活の秘義によって神と人間との間に和解を成立させてくださった(ローマ5・10参照)。この和解の役務は、使徒たちを通して主から教会にゆだねられた(二コリ5・18-20)。教会は救いの喜ばしい知らせを人々にもたらし、水と聖霊による洗礼を授けて、この奉仕の務めを果たしている(マタイ28・19参照)。しかしキリスト者も人間の弱さのため「初めの愛から離れ」(黙2・4参照)罪を犯して、神との友情のきずなを断ち切ってしまうことがある。したがって、洗礼後に犯した罪をゆるすために、主は特別なゆるしの秘跡を制定された(ヨハネ20・21-23参照)。教会は諸世紀を通して、その本質的な諸要素を保ちながら、さまざまな仕方で、この秘跡を忠実に行い続けてきた。

第二バチカン公会議は、「ゆるしの秘跡の儀式と式文に、この秘跡の本性と恵みがより明らかに表現されるよう改訂すること」(1)を定めた。これに基づいて典礼聖省は、信者がこの秘跡行為をよりよく理解できるよう、細心の配慮をもって新しい「ゆるしの秘跡の式次第」を起草した。

ゆるしの秘跡が持つ共同体的側面を明らかに示すために新しい式次第には「個別のゆるしの式」以外に、神のことばの祭儀の中に個別告白と個別赦免を組み入れた「共同回心式」も入っている。また特殊な場合として「一般告白と一般赦免による共同回心式」も加えられた。これは、一九七二年六月十六日、教理聖省の公布した一般的に与えられる秘跡的ゆるしに関する司牧指針に準拠している(2)。

教会は、信者を絶え間ない回心と刷新に招くよう心がけている。教会はまた、洗礼の後に罪に陥ったキリスト者が、神と兄弟に対して犯した罪を認めて、真の回心に踏み切ることを切望し、かれらにゆるしの秘跡にあずかる準備をさせるよう努め、そのため、回心の祭儀にも参加するようすすめる。したがって本聖省は、このような回心の祭儀の原則を定めるとともに、司教協議会が、その地域の必要に合わせて適応させることのできるいくつかの例を参考としてあげることにした。

教皇パウロ六世は、典礼聖省の起草した「ゆるしの秘跡の式次第」をその権限をもって認可し公布を命じた。これによって、今まで用いられてきたローマ儀式書の関連事項は廃止される。当式次第のラテン語版は出版と同時に発効する。また司教協議会が認可し、使徒座の認証を得た国語版は、司教協議会の定めた日から発効する。他のどの反対事項も妨げにはならない。

一九七三年十二月二日　待降節第一主日にあたり、典礼聖省にて

教皇の特命により

国務長官　　ヨハネ・ビヨー枢機卿

ディオクレチアーノ名儀大司教

典礼聖省秘書

アンニバレ・ブニーニ

緒　言

一　救いの歴史の中に実現する和解の秘義

1　御父はキリストにおいて世をご自分と和解させ、御子の十字架の血により、地にあるものも天にあるものも平和にさせることによってそのいつくしみを現された(1)。人々を罪の奴隷から解放し(2)、やみから光に招くために(3)神の子は人となり、人々の間に住まわれた。そして回心を説き、「回心して福音を信じなさい」（マルコ1・15）と述べて、地上におけるその任務を遂行し始められた。このような回心への呼びかけは、すでに預言者たちによって叫ばれてきたものであるが、洗礼者ヨハネも、「罪のゆるしを得させる回心の洗礼を説いて」（マルコ1・4）人々の心を神の国の到来に備えさせた。イエスは人々に、罪を捨てて心から神に立ち帰るよう回心をすすめられたばかりでなく(4)、罪びとを受け入れて御父との和解へ導かれた(5)。また、罪をゆるす権能があることを示すしるしとして病人たちをいやされた(6)。最後にご自身、わたしたちの罪のために死に、わたしたちを義とするために復活された(7)。主は渡される夜、救いをもたらす受難の始めに(8)、罪のゆるしのためにご自分の血による新約のいけにえを制定し(9)、復活の後、使徒たちに聖霊をつかわして、罪をゆるす権能と(10)、すべての国に行って回心と罪のゆるしを説く任務を与えられた(11)。主はかつてペトロに向かい、「わたしは天の国の鍵をあなたに授けよう。あなたが地上でつなぐものは皆、天でもつながれ、あなたが地上で解くものは皆、天でも解かれるであろう」（マタイ16・19）と言われたが、かれは主の命令に従って五十日祭の日、洗礼による罪のゆるしを説いて「回心しなさい。そして罪をゆるしていただくために、それぞれイエス・キリストの名によって洗礼を受けなさい」（使2・38）と言った(12)。教会はこの日以来、罪を捨てて回心するよう人々を招くとともに、罪に対するキリストの勝利を、回心の祭儀を通してあらわすよう絶えず努めてきた。

2　罪に対するこの勝利は、まず洗礼の時に明らかに示される。洗礼によって古い人はキリストとともに十字架につけられ、その結果、罪のからだは滅ぼされ、わたしたちはもはや罪に仕えることなく、キリストとともに復活して神に生きる者となる(13)。したがって教会は「罪のゆるしのための唯一の洗礼」を信じていることを宣言するのである。

　ミサの奉献の中においてはキリストの受難が再現され、わたしたちのために渡されたからだと、罪のゆるしのために流された血が、全世界の救いのために再び教会によってささげられる。この感謝の祭儀においてキリストは「わたしたちの罪のゆるしのいけにえ」として現存し、かつささげられる(14)。それはまた、わたしたちが聖霊によって「一つに結ばれる」ためである(15)。なおその上、救い主イエス・キリストは、使徒とその後継者たちに罪をゆるす権能を授けられたとき、教会の中にゆるしの秘跡を制定して、最初の洗いの後で罪に陥った信者が、新しい恵みによって神に立ち帰ることができるようにされた(16)。教会は「水と涙、すなわち洗礼の水と回心の涙を持っている」のである(17)。

二　教会の中に実現する回心者の和解

教会は聖なるものであるとともに常に清めを必要としている

3　キリストは「教会を愛し、それを聖とするためにいのちを与え」(エフェソ5・25―26)、花嫁としてご自分に結びつけられた(18)。主は、ご自分のからだであり充満である教会を神のたまもので満たし(19)、教会を通してすべての人に真理と恵みを分け与えられる。しかし教会の成員は誘惑にさらされており、しばしばみじめにも罪に陥ってしまう。したがって「キリストは清く、罪も汚れもなく（ヘブライ7・26）、罪を知らず（二コリント5・21）、ただ民の罪を償うために来られた（ヘブライ2・17参照）が、教会は、その懐に罪びとを抱くものとして聖なるものであるとともに、常に清めを必要とするものであり、絶えず回心と刷新に励んでいるのである」(20)。

生活と典礼における回心

4　神の民は、この絶え間ない回心をさまざまな仕方で行なっている。すなわち忍耐を実践することによってキリストの受難にあずかり(21)、いつくしみと愛のわざに励み(22)、キリストの福音に従って日々いっそう悔い改め、こうして世にあって神への回心のしるしとなるのである。教会は、生活を通してあらわすことを典礼によっても行うのであって、実際に信者は、回心の祭儀、神のことばの朗読、祈願、感謝の祭儀に含まれている回心の種々の祈りにおいて自分が罪びとであることを告白し、神と兄弟のゆるしを願うのである(23)。

ゆるしの秘跡を受ける時、信者は「神に背いた罪をあわれみ深い神からゆるされ、同時に、罪を犯して傷つけた教会、しかも愛と模範と祈りをもって罪びとの回心のために努力している教会と和解する」(24)。

神および教会との和解

5　罪とは神に逆らい、神との親しい交わりを断つことであるから、回心は「最終的には、わたしたちが神を心から愛し、自分を全く神にゆだねることを目的としている」(25)。したがってあわれみ深い神の恵みによって回心の道を歩む罪びとは、「さきにわたしたちを愛してくださった」(一ヨハネ4・19)御父、わたしたちのためにご自分を渡されたキリスト(26)、わたしたちのうちに豊かに注がれた聖霊に立ち帰るのである(27)。

ところで「神の計画のはかり知れないいつくしみに満ちた秘義によって、人間は皆、超自然的きずなで互いに結ばれているため、一人の聖性は他の人々によい影響を及ぼし、同様に一人の罪は他の人々を傷つけるのである」(28)。このため回心は、罪によって傷つけてしまった兄弟たちとの和解を常に伴う。しかも人は不正を働くとき、他の人と組んで行うことが少なくない。同様に回心する場合にも、人は互いに助け合うことによってキリストの恵みを通して罪から解放され、すべての善意の人とともに正義と平和を世にもたらすように努めるのである。

ゆるしの秘跡とその部分

6　罪を犯した後、聖霊の導きによってゆるしの秘跡に近づくキリストの弟子は、何よりもまず心から神に立ち帰らなければならない。このような回心は、罪の悔い改めと新しい生活を送る決心を含み、教会に対する告白、ふさわしい償い、生活改善を通して表される。そして神は教会を通して罪のゆるしを与えてくださる。この教会の働きは司祭の奉仕の務めによって行われる[29]。

イ　悔い改め

回心者の行為の中で最も大切なものは悔い改め、すなわち「犯した罪を悲しみ、忌みきらい、再び罪を犯さない決心をすること」[30]である。キリストの国に近づくには、回心、すなわち人間全体の内奥からの変革によるほかはない。この回心によって人は、キリストのうちに示され豊かに与えられた神の聖性と愛に打たれて考え、判断し、生活を立て直し始めるのである（ヘブライ1・2　コロサイ1・19　エフェソ1・23などを参照）[31]。実に回心は、人を内からゆり動かすものであって、人は日増しに深く照らされ、ますますキリストに似る者となる。

ロ　告白

ゆるしの秘跡には罪の告白が伴う。これは、神のみ前においてありのままの自己を認識し、罪を悔い改めることから生じる。このような内的な反省（心の糾明）と外的な告白は、あわれみ深い神に照らされて行われる。

告白には次のことが必要である。回心者は神の役務者に心を開く意志があること、また役務者はキリストの代理として、罪をゆるす権能を用いるために霊的判断（さばき）をすることである(32)。

ハ　償い

真の回心は、罪の償い、生活の改善、そして与えた損害の弁償を含む(33)。償いのわざと程度は、回心者が乱した秩序を回復し、また、わずらった病からいやされるように、その回心者につり合うものでなければならない。したがって償いは、罪の傷を直し、生活の刷新に役立つものでなければならない。こうして回心者は、「うしろのものを忘れて」（フィリピ3・13）新たに救いの神秘にあずかり、未来のものに向かって進む。

告白によって教会の役務者に回心を表明した罪びとに、神は赦免のしるしを通してゆるしを与え、こうしてゆるしの秘跡は完了する。神の計画によって救い主である神のいつくしみと愛は、目に見える方法で人々に現れたが(34)、同様に神は、目に見えるしるしを通してわたしたちに救いを与え、破られた契約を新たにすることを望んでおられる。

したがってゆるしの秘跡を通して御父は、ご自分のもとに帰って来る子どもを受け入れ、キリストは失われた羊を肩にのせて囲いに連れもどし、聖霊はその神殿を再び聖化し、より豊かにそこに住まわれる。このことは、主の食卓に新たに、いっそう熱心にあずかることによって示され、こうして神の教会の会食は、遠くから帰ってきた子のために大きな喜びで満たされる(35)。

ゆるしの秘跡は必要であり有益である

7　個人の生活と共同体の生活が、罪によって受ける傷は多種多様であると同様に、回心によってもたらされるいやしも多種多様である。大罪によって神の愛の交わりから離れた人は、ゆるしの秘跡を通して失ったいのちを取りもどす。小罪に陥り、日々自分の弱さを体験する人は、ゆるしの秘跡に繰り返しあずかることによって、神の子らの豊かな自由に達する力を得る。

イ　ゆるしの秘跡がもたらす救いの治ゆの恵みに浴するためには、内的な反省(心の糾明)をした上で、覚えているすべての、また個々の大罪を、あわれみ深い神の定めにより司祭に告白しなければならない(36)。

ロ　さらに小罪についても、この秘跡にたびたび熱心にあずかることは非常に有益である。それは、単なる儀式の反覆でも一種の心理的訓練でもなく、イエス・キリストの死をわたしたちの身に帯びることによって、ますますイエスのいのちがわたしたちのうちに現れるように、絶えず洗礼の恵みの完成に励むことなのである(37)。回心者は、このような告白において小罪を改めるとともに、より深くキリストに似るよう、また聖霊の声に、より注意深く従うよう、特に努めなければならない。

この救いの秘跡が、キリスト信者の生活全般に根をおろし、神と兄弟への奉仕に駆り立てるものとなる時、その真価が発揮されるであろう。教会はゆるしの秘跡を行うことによって自らの信仰を宣言し、キリストがわたしたちを解放して与えてくださった自由のために神に感謝し(38)、キリストと出会う日を待望しつつ、自己の生活を霊による奉献として神の栄光の賛美のためにささげる。

三　ゆるしの秘跡における役割

共同体のつとめ

8　教会全体は祭司の民として、主からゆだねられた和解の務めをさまざまな仕方で果たす。実際に教会は、神のことばを述べて人々を回心に招くにとどまらず、罪びとが罪を認めて告白し、神のあわれみとゆるしを得るよう母の配慮をもって助ける。さらに教会自身が、キリストによって使徒とその後継者に与えられた奉仕の務めを通して、ゆるしを求める人の回心と赦免の道具となるのである(39)。

9　ゆるしの秘跡の役務者

イ　教会は司教と司祭を通してゆるしの秘跡の役務を果たす。かれらは神のことばを述べて信者を回心に招き、キリストの名において、また聖霊の力によって罪のゆるしを保証し、かつ与える。この奉仕の務めを行うことによって、司祭は司教の協力者として、回心の祭儀に関する規律の責任者である司教の権能と任務に参与する(40)。

ロ　ゆるしの秘跡を司式できる役務者は、教会法に基づいて赦免の権能を持っている司祭である。しかし告白を聴く認可を持たなくても司祭は皆、死の危険にあるすべての回心者に有効かつ合法的に赦免を与えることができる。

10

司牧的配慮

イ　告白を聴く司祭は、その任務を正しく忠実に果たすために、また魂の病を見分けて適切な薬を与え、罪を判断する務めを賢明に遂行できるように、教会の教導職の導きのもとに、絶えざる研究と熱心な祈りによって、この任務に必要な知識と賢明さを身につけるよう努力しなければならない。霊の動きを識別することは、人々の心の中に働く神のわざを深く認識することであり、聖霊のたまもの、愛の実りなのである(41)。

ロ　信者から正当に求められるとき、司祭は快く告白を聴かなければならない(42)。

ハ　司祭は回心する人を迎えて真理の光へ導き、父としての務めを果たして御父の心を人々に啓示し、また牧者キリストの姿に見習う。したがって司祭は、人々を救うためにあがないのわざを果たし秘跡を通して働かれるキリストの任務がゆだねられていることを忘れてはならない(43)。

ニ　告白を聴く司祭は、人の心の秘密に神の役務者として触れるのであるから、告白の秘密は絶対に守らなければならない。

回心者について

11　回心する信者自身が、この秘跡の中で果たす役割はきわめて重要である。事実、ふさわしく準備した者が、キリストによって定められたこの救いの恵みに近づき罪を告白するとき、回心者はその行為を通して秘跡そのものに参加するのであり、役務者がキリストの名において唱える赦免のことばによって秘跡は完成する。こうして信者は、絶えず自己を刷新する教会の典礼を司祭とともに行い、神のあわれみを体験し宣言するのである。

四　ゆるしの秘跡の祭儀

祭儀の場所

12　ゆるしの秘跡は、法によって定められている場所と席で行う。

日本の司教協議会は次のように定めている。

○聖堂内で行う場合は、告白場、その他秘跡にふさわしい場所。

○聖堂以外の場所で行う場合は、秘跡の尊厳にふさわしい部屋、または場所。

告白する人は、場所の事情に応じて適切な姿勢をとる。

祭儀の時期

13　ゆるしの秘跡は、どの時期、どの日にも行うことができる。しかしこの奉仕の務めを果たすために司祭が居る日と時間をあらかじめ信者に知らせておくようにし、ミサ以外の時、定められた時間にこの秘跡を受けるよう信者を指導する(44)。

灰の水曜日に、「回心して福音を信じなさい」という荘重な招きのことばが神の民に向けられることからも分かるように、四旬節はゆるしの秘跡にもっともふさわしい時である。したがって四旬節中、何回か共同回心式を行なって、すべての信者が神と兄弟と和解し、新しい心で「聖なる三日間」に過越の神秘を祝うことができるよう配慮する。

司祭の服装

14 ゆるしの秘跡の祭儀に用いる服装は、教区長の定めた規則に従う。

日本の司教協議会は次のように定めている。

○聖堂内ではアルバ（またはスータン）とストラを用いる。

○聖堂以外ではストラを用いる。

(一) 個別のゆるしの式

司祭と回心者の準備

15 ゆるしの秘跡の前に、司祭と回心者はまず祈りによって準備をする。司祭は聖霊に祈り、その光と愛を願う。回心者は自分の生活をキリストの模範とおきてに照らして、犯した罪のゆるしを神に求める。

祭儀の始め

16　司祭は兄弟的な愛をもって回心者を迎え、必要であれば暖いことばであいさつする。その後、回心者は「父と子と聖霊のみ名によって、アーメン」と唱えながら十字架のしるしをする。司祭もそれに合わせて十字架のしるしをしてもよい。次に司祭は神に信頼するよう短いことばですすめる。告白を聴く司祭が回心者を知らない場合、回心者は自分の身分や最後にした告白の時期、信仰生活を送る上で遭遇する困難など、司祭が奉仕の務めを果たすために役立つ事柄を告げるとよい。

神のことば

17　次に、適当であれば司祭または回心者自身が聖書の一箇所を読む。これは秘跡の祭儀の準備の時に行うこともできる。神のことばによって、信者は自分の罪を認めるよう照らしを受け、回心と神のあわれみへの信頼に招かれる。

罪の告白と償いの指示

18　その後で回心者は自分の罪を告白する。習慣があるならば「回心の祈り」(「全能の神と…」)で始める。司祭は必要であれば、正しく告白するように回心者を助け、また神に背いたことを真心から悔い改めるようにすすめる。最後に適切な勧告を与えて新しい生活を始めるよう励まし、必要ならばキリスト教的生活のつとめについて説明する。

回心者が、損害やつまずきの原因であった場合、それにつり合う弁償、償いをする決心を立てるようにすすめる。

次に司祭は回心者に償いを指示する。これは単に過去の行いを償うためばかりでなく、新しい生活の助け、病の薬ともなるべきものであるから、できる限り罪の重さや性質につり合うものにする。このような償いは祈りや犠牲によって果たされるが、特に隣人への奉仕と愛のわざによって果たされる。それは、罪とゆるしに社会的な面があることを明らかにするからである。

悔い改めの祈りと罪のゆるし

19　続いて回心者は、父である神のゆるしを願う祈りを唱えて、悔い改めと新しい生活を送る決心とを表す。この祈りには聖書のことばから作られたものを用いるとよい。悔い改めの祈りの後、司祭は回心者の頭の上に両手または右手を延べて赦免のことばを唱える。その中の「わたしは父と子と聖霊のみ名によってあなたの罪をゆるします」のことばは本質部分である。このことばを唱えるとき、司祭は回心者の上に十字架のしるしをする。

赦免のことば（45、*49*ページ）は、罪のゆるしが御父のあわれみから生ずることを示すとともに、罪びとの和解とキリストの過越の神秘との関連を明らかにし、また罪のゆるしにおける聖霊の働きを強調し、さらに神との和解を教会の奉仕の務めを通して求められ、かつ与えることによって、ゆるしの秘跡の教会的側面を浮き彫りにする。

神の賛美と回心者の辞去

20　罪のゆるしを受けた後、回心者は聖書からとった短い祈りを唱えて神のいつくしみを賛美し、神に感謝を表す。次に司祭は回心者を平和のうちに立ち去らせる。回心者はキリストの福音に基づいて生活を改め、より豊かに神の愛に生きることによって回心を続け、表して行く。「愛は多くの罪を覆う」（一ペトロ4・8）からである。

短い式

21　司祭は司牧上の必要から、右に述べた式のある部分を省略し、あるいは短くすることができる。ただし罪の告白と償いの指示、悔い改めのすすめ(43)、および赦免と賛美のことばはいつも必要である。
死の危険が迫っている場合には、赦免のことばの本質部分、すなわち「わたしは父と子と聖霊のみ名によってあなたの罪をゆるします」を唱えるだけで十分である。

(二)　共同回心式（個別告白・個別赦免を伴う）

22　ゆるしの秘跡を受けるために大勢の回心者が集まる場合、神のことばの祭儀によってその準備をするとよい。別の機会に秘跡を受ける信者もこの祭儀に参加することができる。
共同祭儀はゆるしの秘跡の教会的性格をいっそう明らかに表す。信者たちは、神のあわれみを告げ、回心を呼びかける神のことばをいっしょに聞くとともに、自分の生活を神のことばに照らして反省し、相互の祈りによって助け合うからである。また各自が罪を告白し赦免を受けた後、一同は御子の十字架によって民を救われた神に、ともに感謝をささげる。必要であれば、多数の司祭の参加を求めて適当な場所で個別告白を聴き、赦免を与えることができるようにする。

開祭

23　信者が集まった後、適当であればふさわしい歌を歌う。続いて司祭は信者にあいさつをする。必要ならば司祭自身、または他の奉仕者が簡単に祭儀の意味と式順を説明する。次に、祈りをささげるよう皆を招き、しばらく沈黙の後、祈りを唱える。

ことばの典礼

24　神はみことばを通して悔い改めを呼びかけ、真の回心に導いてくださる。したがってゆるしの秘跡は、神のことばを聞くことから始まる。

朗読箇所は自由に選ぶことができる。一つ以上の朗読がある場合は、神のことばをより深く悟り、心から受け入れることができるように、朗読の合間に詩編や他の適切な歌、沈黙の時を入れる。一つしか朗読をしない場合には福音から選ぶようにする。特に次のような朗読箇所を選ぶ。

イ　人々に回心とキリストとの一致を呼びかける神の声がしるされているもの。

ロ　ゆるしの秘義がキリストの死と復活によること、また聖霊のたまものによることを示しているもの。

ハ　人間の行いの善悪に対する神の裁きを告げて人々の良心を照らし、反省の助けとなるもの。

25　説教は聖書から出発して、回心者を反省と罪の拒否と神への回心に導く。罪とは、神、共同体、隣人、自分自身に背くことであることを信者に想起させる。したがって次のことを思い出させる。

イ　神の限りないあわれみはすべての罪を越えて深く、神は絶えず繰り返してわたしたちをご自分のもとに呼び寄せてくださること。

ロ　心からの回心が必要であり、このような回心は、罪が与えた傷を償う誠実な心構えを伴うものであること。

ハ　恩恵と罪は社会的な面を持っており、そのため一人ひとりの行為は教会全体になんらかの影響を及ぼすこと。

ニ　わたしたちの行う償いは、その力をキリストの償いから得るのであり、償いのわざのほかに、まず神と隣人に対する真実な愛の実践が求められていること。

26　説教の後、反省をするため、また真の悔い改めの心を起こすために沈黙の時をおく。司祭自身、助祭または他の奉仕者は、信者の状況、年齢などを考慮に入れて、反省の要点をあげ、あるいは連願を唱えて信者を助けることができる。適当と思われるならば、説教の代わりに、このような共同の反省と悔い改めのすすめを行うことができる。ただしこの場合、前に朗読した聖書の箇所を出発点とする。

回心の儀

27　次に、助祭または他の奉仕者の招きのことばに応じて全員ひざまずくか、あるいは頭を下げて一般告白のことば(たとえばミサの「回心の祈り」)を唱える。その後全員起立し、適当であれば連願形式の祈り、またはふさわしい歌によって、罪の告白、悔い改め、ゆるしの願い、神のいつくしみに対する信頼などを表す。最後に必ず主の祈りを唱える。

28　主の祈りの後、司祭たちは告白を聴くために設けられた場所に行く。罪の告白をする回心者は自分の選んだ司祭のもとに行く。償いを受諾した後、同じ司祭から個別に罪のゆるしを受ける。

29　告白がすんだ後、司祭たちは司祭席にもどる。神に感謝をささげてそのいつくしみをたたえるよう一同を招く。そのためには詩編や賛美歌、または連願形式の祈りを用いることができる。その後に司式者は、神の愛をたたえる祈りをもって祭儀を結ぶ。

会衆の辞去

30　感謝を終えた後、司祭は信者を祝福する。続いて助祭または司祭自身が散会のことばを述べる。

(三)　共同回心式（一般告白・一般赦免を伴う）

一般赦免の規則

31　罪の正しい（インテグラ）個別告白と個別赦免は、「物理的に、あるいは精神的に（モラーリス）」このような告白が不可能な場合を除き、信者が神と教会に和解する唯一の通常の方法である。

時として起こる特殊事情のために、あらかじめ個別告白を行わなかった回心者たちに一般赦免を与えることがゆるされ、あるいは与えなければならないこともあり得る。

死の危険にある場合のほかにも重大な必要がある場合、すなわち回心者が多いのに司祭が少なく、適切な時間内に一人ひとりの告白をふさわしく聴くことができないために、回心者が自分の落ち度なしに長期間、止むを得ず、ゆるしの秘跡の恵み、あるいは聖体を受けることができない場合、司祭は回心者一同に悔い改めをすすめ、回心者が一般告白を行なった後、皆に同時に秘跡的赦免を与えることができる。このことは特に布教地に起こり得るが、その他の地方や団体にも生じることがある。しかし告白を聴く司祭たちを集めることができるときは、たとえば大きな祭りや巡礼の機会に回心者が大勢集まったという理由だけでは一般赦免を与えることはできない(45)。

32　右の条件が満たされているかどうかを判断すること、したがって一般赦免をいつ与えることができるかを決定することは、司教協議会の他の構成員とはかった上で、教区司教に保留されている。

教区司教が定めた場合以外で、秘跡的赦免を多くの人に同時に与えなければならないような他の重大な必要が生じた場合、合法的に赦免を与えるためには、司祭はできればその都度、あらかじめ教区司教に申し出なければならない。それができなかった場合は、一般赦免を必要とした事情と、赦免を与えたことについて、すみやかに司教に報告すべきである(46)。

33　多くの人に同時に与えられる秘跡的赦免の恵みを受けるためには、信者はふさわしい心構えを持つことが必要である。すなわち各自、自分の犯した罪を悔い、再び罪を犯さないことを決心し、つまずきや損害を与えた場合にはそれを償うことを心に定め、今は一つずつ告白できない大罪を、適切な時に告白する決心をたてることが要求される。

秘跡を有効に受けるために必要とされるこの心構えと諸条件について、司祭は信者によく教えなければならない(47)。

34　一般赦免を受けて大罪をゆるされた者は、正当な理由によって妨げられない限り、このようなゆるしを再び受ける前に、個別告白を行わなければならない。精神的(モラーリス)に不可能でない限り、一年以内に告白しなければならない。すべての信者は少なくとも年に一度、まだ個別的に告白していないすべての大罪を、司祭に個人的に告白するというおきては、この場合にも有効だからである(48)。

一般赦免の式

35　法の定めに基づいて、一般告白・一般赦免を伴う共同回心式を行う場合には、上述した個別告白・個別赦免を伴う共同回心式を、以下に掲げる変更を加えて用いる。

イ　司祭は説教後、または説教の中で、一般赦免の恵みを望む信者に、ふさわしい心構えを持つようすすめる。すなわち各自、自分の犯した罪を悔い、再び罪を犯さないことを決心し、つまずきや損害を与えた場合には、それを償うことを心に定め、今は一つずつ告白できない大罪を、適切な時に告白する決心を立てるようさとす(49)。さらに、皆が果たすべき償いを指示する。回心者は望むならば、何かをそれに加えることができる。

ロ　次に助祭、他の奉仕者、あるいは司祭自身は、赦免を望む回心者に何かのしるしで（たとえば頭を下げること、ひざまずくこと、または司教協議会の定めるしるしによって）その願いを表すように招き、回心者一同は、一般告白のことば（たとえば「全能の神と…」）を唱える。その後、連願あるいは回心を表す歌を歌うこともできる。次に、27にしるされているとおりに、一同主の祈りを唱えるか歌うかする。

　日本の司教協議会は、一般赦免を求める人の姿勢として「頭を深く下げる」ことを定めている。

ハ　続いて司祭は祈願を唱えて、罪のゆるしのために聖霊の恵みを求め、罪に対してのキリストの死と復活による勝利を宣言し、秘跡的赦免を回心者に与える。
ニ　最後に、司祭は感謝をささげるよう一同にすすめ（29参照）、結びの祈りを省き、ただちに会衆を祝福し、散会を告げる。

五　回心のためのことばの祭儀

特徴と構造

36　「回心のためのことばの祭儀」とは、神のことばを聞くために行う神の民の集会の一つであり、神のことばは人びとを回心と生活の刷新へと招き、キリストの死と復活による罪からの解放を告げる。その構造は、通常のことばの祭儀の構造(50)、また「共同回心式」に記載されているものと同じである。

したがって開祭（歌、あいさつ、祈り）の後、一つ、あるいはいくつかの聖書朗読を行い、その合間に歌や詩編、または沈黙の時を持ち、説教を行なって聖書を信者の生活に当てはめて説明する。共同体と各個人が、その罪についての正しい認識を持ち、真の悔い改め、すなわち回心を起こすために、教父、または教会著述家の著作を聖書朗読の前か後に朗読してもよい。
説教と黙想の後、会衆は、連願または皆の参加を表す他の方法によって声を合わせ、心を一つにして祈るとよい。最後には必ず主の祈りを唱えて、神である父に「われらが人にゆるすごとく、われらの罪をゆるし……われらを悪より救いたまえ」と願う。司祭もしくは集会の司式者の祈りと散会のことばで式を終わる。

有用性

37　このような祭儀と、ゆるしの秘跡の祭儀とを信者が混同しないように指導しなければならない[51]。回心のためのことばの祭儀は、回心と心の清めを促進させるためにきわめて有益である[52]。
この祭儀は、特に次の目的のために役立つ。
イ　キリスト者共同体のうちに回心の精神を養う。
ロ　後日、各自が適切な時に行うことのできる個別告白の準備のために信者を助ける。
ハ　人間の生活における罪と、キリストによってもたらされた罪からの解放についての認識が、子どもたちの中に徐々に養われるよう教育する。
二　求道者の回心を助ける。
なお、秘跡的赦免を与える司祭が不在の所では、この祭儀は非常に有益である。それは、愛に基づく完全な悔い改めの心を持つよう信者を助けるからであって、このような心でゆるしの秘跡を望む人は神の恵みを受けるのである(53)。

六　地域と状況への適応

司教協議会が行うことのできる適応

38　司教協議会は、この規範版を地域の必要に適応させて固有の儀式書を作り、使徒座の認可を得た上で、管轄地域で用いる権限を持っている。その際、司教協議会は次のことを行う。
イ　ゆるしの秘跡を行う際の規則、とりわけ司祭の役務と罪の保留に関する規則を定める。
ロ　ゆるしの秘跡の通常の祭儀を行うためのふさわしい場所と、一般赦免のときに信者が表すべき悔い改めのしるしを具体的に定める（12　14　35のロ参照）。

ハ　国民の気風や言語に適応させた訳文を作り、また信者や役務者が用いる新しい祈りを作る。ただし、秘跡定句「ゆるしのことば」は忠実に訳さなければならない。

司教の権限

39　教区長である司教は

イ　教区内において、ゆるしの秘跡を行う際の実践を指導監督する[54]。また司教協議会の定めた規則に基づいて、式そのものについても適応を行うことができる。

ロ　司教協議会の他の構成員と相談の上、聖座の定めた諸条件のもとに、いつ一般赦免を与えることができるかを定める[55]。

役務者の行うことのできる適応

40　司祭、特に主任司祭は

イ　個別のゆるしの式においても共同回心式においても、司教協議会の決定に則して祭儀をいっそう実り多いものとするために、回心者の具体的状況に式を適応させる。その際、本質構造と、秘跡定句「ゆるしのことば」は変更できない。必要であれば、式の一部を司牧上の理由から省略し、あるいはより豊かなものとし、朗読や祈願を選び、祭儀に適した場所を決める。

ロ　回心のためのことばの祭儀を、一年の間何回か、とりわけ四旬節中に行う。その際、信徒の協力も依頼して、祈りや式順を選び、共同体または団体(たとえば子どもや病人のグループ)の状況に適したものを準備する。

ハ　教区司教の予想を越える重要な必要が生じ、司教に申し出ることが不可能な場合、一般告白の後に、多くの人に同時に一般赦免を与えることを決定する。この場合、一般赦免を必要とした事情と、赦免を与えたことについて、すみやかに司教に報告する義務がある。

〔注〕

教　令

1　第二バチカン公会議「典礼憲章」72
2　使徒座公報64(一九七二)510―514参照

緒　言

1　二コリント5・18以下、コロサイ1・20参照
2　ヨハネ8・34―36参照
3　一ペトロ2・9参照
4　ルカ15参照

5　ルカ5・20　27－32　7・48
6　マタイ9・2－8参照
7　ローマ4・25参照
8　ローマ・ミサ典礼書　第三奉献文参照
9　マタイ26・28参照
10　ヨハネ20・19－23参照
11　ルカ24・47参照
12　使徒言行録3・19　26　17・30参照
13　ローマ6・4－10参照
14　ローマ・ミサ典礼書　第三奉献文
15　同上　第二奉献文
16　トリエント公会議第十四会期「ゆるしの秘跡」第一章（DS 1668, 1670, 1701）参照
17　アンブロジオ書簡41・12　PL 16, 1116
18　使徒言行録19・7参照
19　エフェソ1・22－23参照、第二バチカン公会議「教会憲章」7参照
20　第二バチカン公会議「教会憲章」8
21　一ペトロ4・13参照

22　一ペトロ4・8参照
23　トリエント公会議第十四会期「ゆるしの秘跡」（DS 1638, 1740, 1743）、礼部聖省「聖体祭儀指針」（Eucharisticum mysterium 1967）35、「ローマ・ミサ典礼書の総則」29　30　56 a b g参照
24　第二バチカン公会議「教会憲章」11
25　パウロ六世「使徒座憲章 Paenitemini」使徒座公報58（一九六六）179、第二バチカン公会議「教会憲章」11参照
26　ガラテヤ2・10　エフェソ5・25参照
27　テトス3・6参照
28　パウロ六世「使徒座憲章 Indulgentiarum doctrina」4　使徒座公報59（一九六七）9、ピオ十二世「キリストの神秘体」参照
29　トリエント公会議第十四会期「ゆるしの秘跡」第一章（DS 1673－1675）参照
30　同上　第四章（DS 1676）
31　パウロ六世「使徒座憲章 Paenitemini」使徒座公報58（一九六六）179参照

32　トリエント公会議第十四会期「ゆるしの秘跡」第五章（DS 1679）参照
33　同上（DS 1690―1692）、パウロ六世「Indulgentiarum doctrina」使徒座公報59（一九六七）6―8参照
34　テトス3・4―5参照
35　ルカ15・7　10　32参照
36　トリエント公会議第十四会期「ゆるしの秘跡」（DS 1707―1708）参照
37　二コリント4・10参照
38　ガラテヤ4・31参照
39　マタイ18・18　ヨハネ20・23参照
40　第二バチカン公会議「教会憲章」26参照
41　フィリピ1・9―10参照
42　教義聖省「一般赦免に関する司牧指針」XII
使徒座公報64（一九七二）514参照
43　第二バチカン公会議「典礼憲章」7参照
44　礼部聖省「聖体祭儀指針」35参照
45　教義聖省「一般赦免に関する司牧指針」III
使徒座公報64（一九七二）511
46　同上V 512
47　同上VI、XI 512、514
48　同上VII、VIII 512―513
49　同上VI 512参照
50　礼部聖省「一般指針」（一九六四）37―39参照
51　教義聖省「一般赦免に関する司牧指針」X
使徒座公報64（一九七二）513―514参照
52　同上
53　トリエント公会議第十四会期「ゆるしの秘跡」第五章（DS 1677）参照
54　第二バチカン公会議「教会憲章」26参照
55　教義聖省「一般赦免に関する司牧指針」V
使徒座公報64（一九七二）512参照

第一章　個別のゆるしの式

41
始めに

ゆるしの秘跡を望む人が来ると司祭はあたたかく迎える。
ゆるしを求める人は十字架のしるしをする。

父と子と聖霊の　み名によって。アーメン。

司祭は次のようなことばで神への信頼を促す。

司

回心を呼びかけておられる神の声に心を開いてください。

または

司　神は罪びとの死を望まず、むしろ回心して生きることを喜ばれます。信頼をもって神の招きにこたえましょう。（エゼキエル33・11参照）

または

司　主イエスが　あなたを受け入れてくださいますように。義人ではなく、罪びとを招くために来られた主に信頼しなさい。（ルカ5・32参照）

42　**神のことば**

時間の余裕があり、適当であればここで聖書を読む。告白する人が自分で読むこともできる。次にあげる箇所の一つを選ぶ。　続いて、罪の告白（43、*46*ページ）に移る。

その時、イエスは言われた。「もし人の過ちを赦すなら、あなたがたの天の父もあなたがたの過ちをお赦しになる。しかし、もし人を赦さないなら、あなたがたの父もあなたがたの過ちをお赦しにならない。」（マタイ6・14－15）

または

イエスはガリラヤへ行き、神の福音を宣べ伝えて、「時は満ち、神の国は近づいた。悔い改めて福音を信じなさい」と言われた。（マルコ1・14―15）

または

その時、イエスは言われた。「あなたがたは敵を愛しなさい。人に善いことをし、何も当てにしないで貸しなさい。そうすれば、たくさんの報いがあり、いと高き方の子となる。いと高き方は、恩を知らない者にも悪人にも、情け深いからである。あなたがたの父が憐れみ深いように、あなたがたも憐れみ深い者となりなさい。」（ルカ6・35―36）

または

彼が担ったのはわたしたちの病
彼が負ったのはわたしたちの痛みであったのに
わたしたちは思っていた
神の手にかかり、打たれたから

彼は苦しんでいるのだ、と。
彼が刺し貫かれたのは
わたしたちの背きのためであり
彼が打ち砕かれたのは
わたしたちの咎のためであった。
彼の受けた懲らしめによって、わたしたちに平和が与えられ
彼の受けた傷によって、わたしたちはいやされた。
わたしたちは羊の群れ
道を誤り、それぞれの方角に向かって行った。
そのわたしたちの罪をすべて、主は彼に負わせられた。（イザヤ53・4―6）

または

主なる神はこう言われる。「わたしは彼らに一つの心を与え、彼らの中に新しい霊を授ける。わたしは彼らの肉から石の心を除き、肉の心を与える。彼らがわたしの掟に従って歩み、わたしの法を守り行うためである。こうして、彼らはわたしの民となり、わたしは彼らの神となる。」（エゼキエル11・19―20）

または

その時、徴税人や罪人が皆、話を聞こうとしてイエスに近寄って来た。すると、ファリサイ派の人々や律法

学者たちは、「この人は罪人たちを迎えて、食事まで一緒にしている」と不平を言いだした。そこで、イエスは次のたとえを話された。「あなたがたの中に、百匹の羊を持っている人がいて、その一匹を見失ったとすれば、九十九匹を野原に残して、見失った一匹を見つけ出すまで捜し回らないだろうか。そして、見つけたら、喜んでその羊を担いで、家に帰り、友達や近所の人々を呼び集めて、『見失った羊を見つけたので、一緒に喜んでください』と言うであろう。言っておくが、このように、悔い改める一人の罪人については、悔い改める必要のない九十九人の正しい人についてよりも大きな喜びが天にある。」

（ルカ15・1—7）

または

その日、すなわち週の初めの日の夕方、弟子たちはユダヤ人を恐れて、自分たちのいる家の戸に鍵をかけていた。そこへ、イエスが来て真ん中に立ち、「あなたがたに平和があるように」と言われた。そう言って、手とわき腹とをお見せになった。弟子たちは、主を見て喜んだ。イエスは重ねて言われた。「あなたがたに平和があるように。父がわたしをお遣わしになったように、わたしもあなたがたを遣わす。」そう言ってから、彼らに息を吹きかけて言われた。「聖霊を受けなさい。だれの罪でも、あなたがたが赦せば、その罪は赦される。だれの罪でも、あなたがたが赦さなければ、赦されないまま残る。」

（ヨハネ20・19—23）

または

皆さん、わたしたちがまだ罪人であったとき、キリストがわたしたちのために死んでくださったことにより、神はわたしたちに対する愛を示されました。それで今や、わたしたちはキリストの血によって義とされたのですから、キリストによって神の怒りから救われるのは、なおさらのことです。

（ローマ5・8―9）

または

皆さん、あなたがたは神に愛されている子供ですから、神に倣うものとなりなさい。キリストがわたしたちを愛して、ご自分を香りのよい供え物、つまり、いけにえとしてわたしたちのために神に献げてくださったように、あなたがたも愛によって歩みなさい。

（エフェソ5・1―2）

または

皆さん、光の中にある聖なる者たちの相続分に、あなたがたがあずかれるようにしてくださった御父に感謝するように。御父は、わたしたちを闇の力から救い出して、その愛する御子の支配下に移してくださいました。わたしたちは、この御子によって、贖い、すなわち罪の赦しを得ているのです。

（コロサイ1・12―14）

または

皆さん、あなたがたは、古い人をその行いと共に脱ぎ捨て、造り主の姿に倣う新しい人を身に着け、日日新たにされて、真の知識に達するのです。あなたがたは神に選ばれ、聖なる者とされ、愛されているのですから、憐れみの心、慈愛、謙遜、柔和、寛容を身に着けなさい。互いに忍び合い、責めるべきことがあっても、赦し合いなさい。主があなたがたを赦してくださったように、あなたがたも同じようにしなさい。これらすべてに加えて、愛を身に着けなさい。愛は、すべてを完成させるきずなです。また、キリストの平和があなたがたの心を支配するようにしなさい。この平和にあずからせるために、あなたがたは招かれて一つの体とされたのです。いつも感謝していなさい。キリストの言葉があなたがたの内に豊かに宿るようにしなさい。知恵を尽くして互いに教え、諭し合い、詩編と賛歌と霊的な歌により、感謝して心から神をほめたたえなさい。そして、何を話すにせよ、行うにせよ、すべてを主イエスの名によって行い、イエスによって、父である神に感謝しなさい。

（コロサイ3・9—10　12—17）

または

皆さん、わたしたちが、神との交わりを持っていると言いながら、闇の中を歩むなら、それはうそをついているのであり、真理を行ってはいません。しかし、神が光の中におられるように、わたしたちが光の中を歩むなら、互いに交わりを持ち、御子イエスの血によってあらゆる罪から清められます。自分の罪を公に言い表すなら、神は真実で正しい方ですから、罪を赦し、あらゆる不義からわたしたちを清めてくださいます。

（一ヨハネ1・6—7　9）

43　罪の告白と償いの指示

司祭は次のようなことばで罪の告白をすすめる。

司　神のいつくしみに信頼して、あなたの罪を告白してください。

告　白―ゆるしを求める人は罪を告白する。必要であれば自分の身分や、最後にした告白の時期などを告げる。司祭は、正しく告白できるよう助ける。

告白の終わりに、ゆるしを求める人は次のように言う。

信　きょうまでの主な罪を告白しました。ゆるしを お願いいたします。

すすめ―告白の後、司祭はふさわしい助言を与え、罪を悔い改めるようにすすめる。

償　い―続いて司祭は、罪の償いと生活の改善のために償いのわざを指示する。

44

悔い改めの祈り

司祭は次のようなことばで、悔い改めの心を表すように招く。

司　それでは、神のゆるしを求め、心から悔い改めの祈りを唱えてください。

ゆるしを求める人は次のような祈りを唱える。（従来の「痛悔の祈り」を唱えることもできる。）

神よ、いつくしみ深く　わたしを顧み、
豊かな　あわれみによって
　わたしの　とがを　ゆるしてください。
悪に染まったわたしを洗い、
罪深い　わたしを清めてください。（詩51）

または

神よ、わたしは　あなたに罪を犯し、
悪を行い、あなたに背きました。
わたしの罪を取り去って、
わたしを洗い清めてください。
救いの喜びを　わたしに返し、
あなたのいぶきを送って、
喜び仕える心を支えてください。
罪びとが　あなたのもとに帰るように
　わたしは　あなたの道を歩みます。

（詩51）

または

父よ、わたしは　あなたに対して罪を犯しました。もう、あなたの子と呼ばれる資格はありません。罪びとのわたしを　あわれんでください。（ルカ15・18参照）

または

神の子、主イエス、罪びとのわたしをあわれんでください。（ルカ18・13参照）

45 **罪のゆるし**

続いて司祭は、ゆるしを求める人の頭の上に両手（または右手）を延べて言う。

司
全能の神、あわれみ深い父は、
御子キリストの死と復活によって世を ご自分に立ち帰らせ、
罪のゆるしのために聖霊を注がれました。
神が教会の奉仕の務めを通して
あなたに ゆるしと平和を与えてくださいますように。
わたしは、父と子と聖霊の み名によって、
✠ あなたの罪をゆるします。

信
アーメン。

46 終わりに

ゆるしの後、司祭は次のようなことばで神を賛美し、ゆるしを受けた人は辞去する。

司 罪をゆるしてくださった神に感謝をささげましょう。
喜びと平和のうちにお帰りください。

または

司 神に立ち帰り、罪をゆるされた人は幸せです。ご安心ください。

47　司牧上必要である場合、右の式のある部分を省略し、あるいは短くすることができる。ただし、次のものはいつも必要である（緒言21）。

一　罪の告白、償いの指示、悔い改めのすすめ（43、*46*ページ）

二　罪のゆるし（45、*49*ページ）

三　終わりの賛美（46、*50*ページ）

48　死の危険が迫っている場合、司祭は次のことばを唱えてゆるしを与える。

司　わたしは、父と子と聖霊の　み名によって、
✠　あなたの罪をゆるします。

答　アーメン。

第二章　共同回心式（個別告白・個別赦免を伴う）

この式は、ゆるしの秘跡を受けるために大勢の回心者が集まる場合行われるもので、共同祭儀によって秘跡の教会的性格がいっそう明らかにされる。

開　祭

49

入祭の歌

信者が集まると司式者は入堂する。

会衆は、神のいつくしみを表す詩編、または聖歌を歌う。

50

あいさつ

司式者は一同に次のようなことばであいさつする。

司　わたしたちを愛し、ご自分の血によって罪を清めてくださったイエス・キリストと、父である神からの恵みが皆さんとともに。

一同　また司祭とともに。

続いて司式者は、共同回心式の意義と式次第について簡単に説明し、告白の場所なども知らせる。

51

集会祈願

司式者は一同を次のようなことばで祈りに招く。

司　いつくしみ深い神は、わたしたちを回心に招いておられます。罪のゆるしが与えられるよう信頼をもって祈りましょう。

または

司　主の復活（降誕）を迎えるにあたって、キリスト者としての日々の生活を振り返り、
主に立ちもどる回心の恵みを祈りましょう。

しばらく沈黙のうちに祈る。

司　全能の神よ、聖霊を送って　わたしたちの心を清め、
すべてを越えて　あなたに従う力をお与えください。
いつ、どこでも、あなたの　いつくしみを　たたえることができますように。
聖霊の交わりの中で、あなたとともに世々に生き、支配しておられる御子、
わたしたちの主イエス・キリストによって。

一同　アーメン。

または

司

あわれみ深い神よ、
あなたに信頼する者の心をいやし、罪のゆるしと平和をお与えください。
聖霊の交わりの中で、あなたとともに世々に生き、支配しておられる御子、
わたしたちの主イエス・キリストによって。

一同

アーメン。

ことばの典礼

52 **聖書朗読**

朗読箇所は、典礼季節などを考慮して、付録（*96*ページ－*106*ページ）から選ぶ。他の適切な箇所を自由に選ぶこともできる。

53 **説教**

説教は朗読された聖書に基づいて行い、一同を回心に導く。

54 **反省**（良心の糾明）

生活を反省し、罪を悔い改めるために沈黙の時間をとる。
必要であれば反省の要点を与えることもできる。

回心の儀

55 **一般告白**

司式者は次のようなことばで一同にすすめる。

司　皆さん、わたしたちが神に背き、兄弟を傷つけたことを告白し、ゆるしを求めて互いに祈りましょう。

または

司　皆さん、神のあわれみに信頼し、罪を認めてゆるしを願いましょう。

一同手を合わせ頭を下げ告白する。

一同　全能の神と、兄弟の皆さんに告白します。
わたしは、思い、ことば、行い、怠りによって　たびたび罪を犯しました。
聖母マリア、すべての天使と聖人、そして兄弟の皆さん、
罪深い　わたしのために神に祈ってください。

56 **連願**

続いて次の連願を行うこともできる。

司　救い主イエス・キリストが　わたしたちをゆるし、神と人への愛に燃え立
たせてくださるよう祈りましょう。

先　貧しい人に福音を告げ、

うち砕かれた心を　いやすために遣わされた主よ、あわれみたまえ。

一同　主よ、あわれみたまえ。

先　正しい人ではなく、罪びとを招いてくださる主よ、あわれみたまえ。

一同　主よ、あわれみたまえ。

先　失われた羊を見つけ出し、連れもどしてくださる主よ、あわれみたまえ。

一同　主よ、あわれみたまえ。

先　悔い改めた盗賊に楽園を約束された主よ、あわれみたまえ。

一同　主よ、あわれみたまえ。

先　父の右の座にあって、わたしたちのために　とりなしてくださる主よ、
あわれみたまえ。

一同　主よ、あわれみたまえ。

57 **主の祈り**

司式者は一同に主の祈りを唱えるように招く。

司　主・キリストが教えてくださったように、罪のゆるしを求めて父である神に祈りましょう。

一同　天におられるわたしたちの父よ、
み名が聖とされますように。
み国が来ますように。
みこころが天に行われるとおり地にも行われますように。
わたしたちの日ごとの糧を今日もお与えください。
わたしたちの罪をおゆるしください。わたしたちも人をゆるします。
わたしたちを誘惑におちいらせず、悪からお救いください。

司　いつくしみ深い父よ、
罪を認め、ゆるしを願う　わたしたちを顧みてください。
教会の奉仕を通して、わたしたちの　すべての罪がゆるされ、
新たな心で　あなたに仕えることができますように。
　わたしたちの主イエス・キリストによって。

一同　アーメン。

または

司　人の弱さを顧み、助けを与えてくださる神よ、
ゆるしの秘跡にあずかるわたしたちが、その恵みを深く味わい、
日々の生活の中に実らせることができますように。
　わたしたちの主イエス・キリストによって。

一同　アーメン。

58

個別告白と個別赦免

告　白——ゆるしを求める人は、一人ずつ指定された告白場へ行き、罪を告白する。

償　い——司祭は償いを指示する。必要な場合、すすめを与える。

ゆるし——司祭は、告白した人の頭の上に両手（または右手）を延べて、罪のゆるしを与える。

司　全能の神、あわれみ深い父は、
御子キリストの死と復活によって世を　ご自分に立ち帰らせ、
罪のゆるしのために聖霊を注がれました。
神が教会の奉仕の務めを通して
あなたに　ゆるしと平和を与えてくださいますように。
わたしは、父と子と聖霊の　み名によって、
✠あなたの罪をゆるします。

信　アーメン。

59 個別告白と個別赦免が行われる間、回心を表す詩編、聖歌を歌うことも、またふさわしいオルガン演奏をすることもできる。

60 **神への賛美**

すべての個別告白が終わると、司式者は神のいつくしみを感謝するよう一同を招く。賛美の歌として「マリアの歌」（マニフィカト）、あるいはふさわしい聖歌を歌う。

61 **結びの祈り**

司 聖なる父よ、あなたは御子キリストのうちに わたしたちを一つに集め、
秘跡によって新たにしてくださいました。
このいつくしみを忘れることなく、人びとの間にあって、
あなたの愛のあかしとなることができますように。
わたしたちの主イエス・キリストによって。

一同　アーメン。

または

司　いつくしみ深い父よ、
あなたは罪をゆるし、平和を与えてくださいました。
わたしたちも互いにゆるし、
人びとに　あなたの平和を　もたらすことができますように。
　わたしたちの主イエス・キリストによって。

一同　アーメン。

閉祭

62

祝福とあいさつ

司祭は一同を祝福する。

司　全能の神、父と子と聖霊の祝福が✣皆さんの上にありますように。

一同　アーメン。

司　回心の祭儀を終わります。行きましょう、主の平和のうちに。

一同　神に感謝。

共同回心式をミサと合わせて行う場合

63　ミサと合わせる場合は次の順序で行う。

一　**開　祭**（49－51、*52*－*53*ページ）

二　**ことばの典礼**（52－54、*55*－*56*ページ）

三　**回心の儀**（55－61、*56*－*62*ページ）「主の祈り」（57、*59*ページ）および「神への賛美」（60、*62*ページ）は省く。

四　**感謝の典礼**

司式者は、一同が神の恵みをたたえ、心を合わせて感謝の典礼にあずかるように招き、感謝の祭儀を奉納から始める。

拝領の後、神のいつくしみを賛美して「マリアの歌」（マニフィカト）、あるいはふさわしい歌を歌う。

五　**閉　祭**

第三章　共同回心式（一般告白・一般赦免を伴う）

この式は、個別告白なしに、多くの人びとに同時に秘跡的赦免を与えるときに用いられる。

この式を行う場合の事情や条件については、緒言の「一般赦免の規則」（31－34）に記されている。

開　祭

64 **入祭の歌**

信者が集まると司式者は入堂する。会衆は適当な詩編、または聖歌を歌うことができる。

65 **あいさつ**

司式者は次のようなことばであいさつする。

司　わたしたちを愛し、ご自分の血によって罪を清めてくださったイエス・キリストと、父である神からの恵みが皆さんとともに。

一同　また司祭とともに。

66　続いて司式者は、この式の意義と順序を簡単に説明する。

67　**祈　願**

司式者は一同を次のようなことばで祈りに招く。

司　いつくしみ深い神は、わたしたちを回心に招いておられます。罪のゆるしが与えられるよう信頼をもって祈りましょう。

または

司　主の復活（降誕）を迎えるにあたって、キリスト者としての日々の生活を振り返り、主に立ちもどる回心の恵みを祈りましょう。

しばらく沈黙のうちに祈った後、次の祈りを唱える。

司　全能の神よ、聖霊を送って　わたしたちの心を清め、
すべてを越えて　あなたに従う力をお与えください。
いつ、どこでも、あなたの　いつくしみを　たたえることができますように。
聖霊の交わりの中で、あなたとともに世々に生き、支配しておられる御子、
わたしたちの主イエス・キリストによって。

一同　アーメン。

または

司　あわれみ深い神よ、
あなたに信頼する者の心をいやし、罪のゆるしと平和をお与えください。
聖霊の交わりの中で、あなたとともに世々に生き、支配しておられる御子、
わたしたちの主イエス・キリストによって。

一同　アーメン。

68

聖書朗読

朗読箇所は、典礼季節などを考慮して、付録（*96*ページ―*106*ページ）から選ぶ。他の適切な箇所を自由に選ぶこともできる。

69

説教

司祭は説教後、または説教の中で、一般赦免の恵みを望む信者にふさわしい心構えを持つようすすめる。すなわち各自、自分の犯した罪を悔い、再び罪を犯さないことを決心し、つまずきや損害を与えた場合には、それを償うことを心に定め、今は一つずつ告白できない大罪を、適切な時に告白する決心をたてるようにさとす。

さらに、皆が果たすべき償いを指示する。

回心者は、各自、別の償いを加えることができる。（緒言35イ）

70　一般告白

司式者は、ゆるしを求める人びとに次のように言う。

司　皆さん、わたしたちが神に背き、兄弟を傷つけたことを認め、頭を深く下げて罪を告白しましょう。

ゆるしを求める人びとは頭を深く下げて告白する。

一同　全能の神と、兄弟の皆さんに告白します。
わたしは、思い、ことば、行い、怠りによって　たびたび罪を犯しました。
聖母マリア、すべての天使と聖人、そして兄弟の皆さん、
罪深い　わたしのために神に祈ってください。

71　続いて連願を唱えることができる（56、*57*ページ）。

72　**主の祈り**

司　主・キリストが教えてくださったように、罪のゆるしを求めて父である神に祈りましょう。

一同　天におられるわたしたちの父よ、
み名が聖とされますように。
み国が来ますように。
みこころが天に行われるとおり地にも行われますように。
わたしたちの日ごとの糧を今日もお与えください。
わたしたちの罪をおゆるしください。わたしたちも人をゆるします。
わたしたちを誘惑におちいらせず、悪からお救いください。

司　いつくしみ深い父よ、
罪を認め、ゆるしを願う　わたしたちを顧みてください。
教会の奉仕を通して、わたしたちの　すべての罪がゆるされ、
新たな心で　あなたに仕えることができますように。
　わたしたちの主イエス・キリストによって。

一同　アーメン。

または

司　人の弱さを顧み、助けを与えてくださる神よ、
ゆるしの秘跡にあずかるわたしたちが、その恵みを深く味わい、
日々の生活の中に実らせることができますように。
　わたしたちの主イエス・キリストによって。

一同　アーメン。

73　一般赦免

司祭は、ゆるしを求める人びとの上に手を延べ、ゆるしを与える。

司　全能の神、あわれみ深い父は、
御子キリストの死と復活によって世を　ご自分に立ち帰らせ、
罪のゆるしのために聖霊を注がれました。
神が教会の奉仕の務めを通して
あなたがたに　ゆるしと平和を与えてくださいますように。
わたしは、父と子と聖霊の　み名によって、
✠　あなたがたの罪をゆるします。

73　一同　アーメン。

74 結び

司　罪（つみ）をゆるしてくださった神（かみ）に感謝（かんしゃ）をささげましょう。

しばらく沈黙のうちに祈るか、または適切な歌を歌って式を終わる。

75　必要に迫られた場合、右の式を短くすることができる。その際には、適当であれば聖書の一句を読み、一般赦免に関する通常の注意（緒言35イ）を与え、償いを指示した後、一般告白をするように招く。続いて司祭はゆるしを与える。

76　死の危険が迫っている場合、司祭は次のことばを唱えてゆるしを与える。

司　わたしは、父と子と聖霊の✠み名によって、あなたがたの罪をゆるします。

一同　アーメン。

77　一般赦免によって大罪のゆるしを受けた人は、次の個別告白の機会にその大罪を告白する義務がある。

付録

一　回心のためのことばの祭儀

78　回心のためのことばの祭儀は、個人にとっても共同体にとっても、悔い改めの心を起こし、その精神を身につけるために、また、ゆるしの秘跡をいっそう実り豊かなものとして行くために、大いに役立つ（緒言36 37）。

ただし、この祭儀とゆるしの秘跡とを、信者が混同しないように指導しなければならない。

79　ここには、三種類の式文が例として記載されているが、この祭儀を準備するにあたり、典礼季節、参加者の状況などを考慮に入れて式文を作ることができる。

80　四旬節は、回心のための主要な時期であるから、共同体が四旬節にこの祭儀を行なって、主の過越の秘義を祝う準備をすることがすすめられる（典礼憲章109参照）。

四旬節のミサの聖書朗読箇所や祈りの中から、回心に関するものを選んでこの祭儀に用いることもできる。

四旬節

―世界に救いを もたらしたキリストの過越の神秘―

開祭

81　始めの歌と司式者のあいさつの後、司式者は、信者が罪においても悔い改めにおいても互いに結ばれていること、また共同体全体の聖化のためにも、一人ひとりが回心に招かれていることを手短かに説明する。

82　**祈願**

司式者は次のようなことばで祈りに招く。

司　**皆さん、わたしたちの罪のために十字架につけられたキリストを仰ぎ、回心の恵みを祈りましょう。**

しばらく沈黙のうちに祈った後、次の祈りを唱える。

司　いつくしみ深い父よ、
あなたは　ひとり子の受難によって、わたしたちに　いのちを与えてくださいました。
悔い改めによって、わたしたちが御子の死に結ばれ、
すべての人とともに、その復活にもあずかることができますように。
わたしたちの主イエス・キリストによって。

一同　アーメン。

ことばの典礼

83　**聖書朗読**

朗読箇所は次のもの、あるいは付録（96ページ—106ページ）から選ぶ。朗読が一つの場合は福音を選ぶ。

第一朗読　イザヤ53・1―7　10―12

神のしもべは、民の救いのために、すべての人の罪を身に負う苦しみの人となった。キリストに従う者は、その苦しみにあずかる。

答唱詩編　詩22・2―3　7―9　25―28

（たとえば典礼聖歌176「わたしの神」）

第二朗読　一ペトロ2・20b―25

キリストは、義と善のために苦しむ者の模範を残された。キリストとともに苦しむなら、そのいのちを世にもたらす者となる。

福　音　マルコ10・32―34　42―45

イエスは神に仕える者として、すべての人の救いのために苦しみを受け、自分のいのちを与えられた。イエスは、自分に従う人がその模範にならうようにとすすめられる。

84　**説教**

85　**反省**（良心の糾明）

回心

86 一般告白

反省の後、一同は一般告白をする。

一同
全能の神と、兄弟の皆さんに告白します。
わたしは、思い、ことば、行い、怠りによって たびたび罪を犯しました。
聖母マリア、すべての天使と聖人、そして兄弟の皆さん、
罪深い わたしのために神に祈ってください。

87 主の祈り

続いて司式者は、一同が復活祭を喜びをもって迎えることができるよう、回心と隣人愛のしるしとして、何か具体的な実践、たとえば貧しい人を助けたり、病人を訪問したり、不公平、不正を是正することなどをすすめる。

一同で主の祈りを唱えるか歌う。

一同　天におられる……

司　いつくしみ深い父よ、
わたしたちを、すべての悪から救ってください。
悔い改めによって、御子の受難に結ばれる　わたしたちが、
その復活の喜びに　あずかることができますように。
　わたしたちの主イエス・キリストによって。

一同　アーメン。

88　状況によっては一般告白の後に、十字架の崇敬、十字架の道行などの信心業を行うこともできる。

89　終わりの歌の後、司式者は閉祭のあいさつ、または祝福をして式を終わる。

待降節 —主の道を備えるための回心—

開祭

90 始めの歌とあいさつの後、司式者は手短かに式の意味を説明する。

91 **祈願**

司式者は次のようなことばで祈りに招く。

司 **皆さん、わたしたちは、主の来臨の神秘を祝おうとしています。わたしたちが ふさわしい準備をして、主をお迎えすることができるよう祈りましょう。**

しばらく沈黙のうちに祈った後、次の祈りを唱える。

司　天地万物の造り主である父よ、
あなたは、御ひとり子を世のあがない主として送ってくださいました。
罪を除いて、わたしたちと同じ姿になられた救い主によって　いつくしみを注ぎ、
罪から解放してください。
　わたしたちの主イエス・キリストによって。

一同　アーメン。

ことばの典礼

92　**聖書朗読**

朗読箇所は次のもの、あるいは付録（96ページ―106ページ）から選ぶ。朗読が一つの場合は福音を選ぶ。

86

第一朗読　マラキ3・1－7a

主が来られるとき、主は正しい裁きを行われる。主の民の一人として選ばれるために、人も回心して神に帰り、主の道に従うことが求められる。

答唱詩編　詩85・5－14　（たとえば典礼聖歌81「神よわたしに目を注ぎ」）

第二朗読　黙示21・1－12

主はわたしたちを、新しいいのち、新しい世界に導いてくださる。罪はわたしたちを、聖なる集いから締め出してしまう。

福　音　マタイ3・1－12　または　ルカ3・3－17

主の来臨を迎えるために、わたしたちは悔い改めて主の道を備えることが必要である。

93　**説教**

94　**反省**（良心の糾明）

回　心

95

一般告白

反省の後、一同は一般告白をする。

一同

全能の神と、兄弟の皆さんに告白します。
わたしは、思い、ことば、行い、怠りによって たびたび罪を犯しました。
聖母マリア、すべての天使と聖人、そして兄弟の皆さん、
罪深い わたしのために神に祈ってください。

96

主の祈り

続いて一同で主の祈りを唱えるか歌う。

一同

天におられる……

88

司　全能永遠の神よ、
あなたは世を ご自分に立ち帰らせるために、ひとり子を送ってくださいました。
わたしたちの心から、罪の やみを打ち払ってください。
あけぼのの光のように近づく御子の誕生を、
喜びをもって迎えることができますように。
　わたしたちの主イエス・キリストによって。

一同　アーメン。

97　終わりの歌の後、司式者は閉祭のあいさつ、または祝福をして式を終わる。

年間 ―福音に従う生き方―

開祭

98 始めの歌と司式者のあいさつの後、司式者は聖書朗読のテーマを簡単に説明し、祈りに招く。
しばらく沈黙のうちに祈った後、次の祈りを唱える。

99 **祈願**

司

聖なる父よ、
きょう語られる　あなたの声に、　わたしたちは耳を傾けます。
御子イエスの福音を受け入れ、
主の死と復活によって、　新しい　いのちの道を歩むことができますように。
わたしたちの主イエス・キリストによって。

90

一同　アーメン。

ことばの典礼

100

聖書朗読

朗読箇所は次のもの、あるいは付録（96ページ―106ページ）から選ぶ。朗読が一つの場合は福音を選ぶ。

第一朗読　ヨハネ1・5―9

罪がないと言う人は自分をあざむいている。

答唱詩編　詩146・5―10

（たとえば典礼聖歌95「心をつくして」、または19「いのちあるすべてのものは」）

福　音　マタイ5・1―10

心の貧しい人は幸い。

101

説教

102 **反省**（良心の糾明）

回心

103 **連願**

反省の後、一同は回心の祈りとして次の連願を唱える。
司式者は次のようなことばで祈りに招く。

司　皆さん、主イエス・キリストは、わたしたちが後に従うようにと模範を残してくださいました。主が、わたしたちの心を清め、福音に従って歩む力を与えてくださるよう、へりくだって祈りましょう。

91

先　主は仰せになりました。「心の貧しい人は幸いである。天の国は彼らのものである。」

地上の財産に　とらわれ、富を追求するために正義を曲げようとする　わたしたちを、
主よ、あわれみたまえ。

一同　主よ、あわれみたまえ。

先　主は仰せになりました。「柔和な人は幸いである。彼らは地を相続する。」
互いに　いがみ合うわたしたちを、また不和と争いに満ちている　この世界を、主よ、
あわれみたまえ。

一同　主よ、あわれみたまえ。

先　主は仰せになりました。「悲しむ人は幸いである。彼らは慰められる。」
自分の重荷の不平を言い、隣人の重荷に気を配らない　わたしたちを、主よ、あわれ
みたまえ。

一同　主よ、あわれみたまえ。

先　主は仰せになりました。「義に飢え渇く人は幸いである。彼らは飽かされる。」
聖なる神に飢え渇くことを知らず、個人の生活と社会の生活の中で、正義をおろそ

かにする　わたしたちを、　主よ、　あわれみたまえ。

一同　主よ、　あわれみたまえ。

先　主は仰せになりました。「あわれみ深い人は幸いである。彼らは　あわれみを受ける。」
人を　ゆるすにおそく、　裁くに　きびしい　わたしたちを、　主よ、　あわれみたまえ。

一同　主よ、　あわれみたまえ。

先　主は仰せになりました。「心の清い人は幸いである。彼らは神を見る。」
情欲や快楽の　とりこになり、目を　あなたに上げようとしない　わたしたちを、主よ、
あわれみたまえ。

一同　主よ、　あわれみたまえ。

先　主は仰せになりました。「平和をもたらす人は幸いである。彼らは神の子と呼ばれる。」
家庭に、　社会に、　また世界に、　平和を　もたらすことのできない　わたしたちを、
主よ、　あわれみたまえ。

一同　主よ、あわれみたまえ。

先　主は仰せになりました。「義のために迫害される人は幸いである。天の国は彼らのものである。」

正義のために苦しみを受けるよりも、不正に組し、隣人に対して差別を行い、圧迫を加える　わたしたちを、主よ、あわれみたまえ。

一同　主よ、あわれみたまえ。

104　**主の祈り**

司　皆さん、主イエスとともに父である神に心を向け、わたしたちを悪から解放してくださるよう祈りましょう。

一同　天におられる……

105

終わりの歌の後、司式者は次の祈りを唱えて式を終わる。

司

主イエス・キリスト、あなたは心の柔和、けんそんな方。
あわれみ深く平和に満ち、貧しい一生を送り、
義のために いのちをささげ、
救いの道を示すために、十字架を通して栄光に入られました。
わたしたちが、福音を喜んで受け入れ、
あなたの模範にならって生活し、
神の国の喜びにあずかることができますように。

一同

アーメン。

二、聖書朗読箇所

(一) 聖書朗読組み合わせ例

待降節 ―救いを待つ心―

旧約書 マラキ3・1―4 23―24
わたしはわたしの使者を遣わす。彼はわたしの前に道を備える。

答唱詩編 詩25・4―10
(たとえば典礼聖歌137「すべての人の救いを」)

使徒書 二ペトロ3・8―14
主は、一人も滅びることなく、すべての人が悔い改めることを望まれる。

アレルヤ アレルヤ、アレルヤ。主はその民を救いに来られる。用意して主を迎える者は幸い。アレルヤ。
(たとえば典礼聖歌256の14)

福　音 マタイ3・1―12
悔い改めよ、天の国は近づいている。

待降節・年間 ―神の子の自由―

旧約書 エゼキエル11・14―21
わたしは彼らから石の心を取り除き、肉の心を与える。そうすれば、わたしのおきてに従って歩むようになる。

答唱詩編 詩51・12―19
(たとえば典礼聖歌7「あなたのいぶきをうけて」)

使徒書　黙示3・14―22　または　詩100・1―5

あなたは生ぬるく、熱くも冷くもないので、わたしの口から吐き出す。（たとえば典礼聖歌172、174「わたしたちは神の民」）

アレルヤ　アレルヤ、アレルヤ。神に　はむかう心を捨てて、新しい霊と心を身につけよう。アレルヤ。

福　音　ヨハネ8・31―36　真理はあなたがたを自由にする。

四旬節　―神との和解―

旧約書　イザヤ43・15　22―44・2　22　わたしは主、あなたがたの王である。わたしに立ち帰れ。

答唱詩編　詩85・2―9　または　詩130・1―8（たとえば典礼聖歌81「神よわたしに目を注ぎ」）（たとえば典礼聖歌117、118「主は豊かなあがないに満ち」）

使徒書　二コリント5・17―21　6・2　神の和解を受けなさい。今は恵みの時、今は救いの日である。

詠　唱　心からわたしに立ちもどりなさい。わたしはいつくしみと恵みにあふれる神。（たとえば典礼聖歌263の4）

福　音　マタイ26・69―75　ペトロは出て行ってはげしく泣いた。

四旬節　―洗礼の恵みを新たに―

旧約書　申命記8・11―20　あなたの心がおごり、神を忘れることがないように。

答唱詩編　詩30・2－8　（たとえば典礼聖歌65「神はわたしを救われる」）
使徒書　一コリント10・1－13　立っていると思う者は、倒れないように気をつけなさい。
詠　唱　父のもとに帰って言おう。「わたしは神にもあなたにも罪を犯しました。」　（たとえば典礼聖歌261の11）
福　音　ルカ15・4－7　一人の罪びとが悔い改めるなら、天に大きな喜びがある。
　　または
　　ルカ15・11－32　わたしは天に対して、また、あなたに対して罪を犯しました。

四旬節・年間　―神の義に目覚める―

旧約書　エゼキエル18・20－32　悪者が罪から立ち帰るならいのちを受け、死ぬことはない。
答唱詩編　詩32・1－5　（たとえば典礼聖歌114「主は豊かなあがないに満ち」）
　　または
　　詩65・3－6　（たとえば典礼聖歌183「われらはシオンで神をたたえ」）
使徒書　黙示21・1－8　勝利を得る者はこれを相続する。わたしは彼の神となり、彼はわたしの子となる。
アレルヤ　アレルヤ、アレルヤ。子よ、あなたの罪はゆるされた。人の子は罪をゆるす権威をもっている。アレルヤ。　（四旬節にはアレルヤを省く）
福　音　マタイ9・1－8　子よ、しっかりせよ、あなたの罪はゆるされた。

復活節 —聖霊によって生きる—

旧約書 ゼカリヤ12・1—10 ダビデの家、およびエルサレムの住民に、恵みと祈りの霊とを注ぐ。

答唱詩編 詩51・12—19 （たとえば典礼聖歌7「あなたのいぶきをうけて」）

または

詩19・8—12 （たとえば典礼聖歌124「主よあなたは永遠のことば」）

使徒書 エフェソ4・17—32 霊によって心を新たにし、新しい人を着よ。

アレルヤ アレルヤ、アレルヤ。わたしたちの救い主イエス・キリストは死を滅ぼし、福音によっていのちを示してくださった。アレルヤ。

福　音 ヨハネ20・19—23 聖霊を受けなさい。あなたがたのゆるす罪はゆるされる。

年　間 —神のおきて—

旧約書 申命記30・15—20 わたしは、きょうあなたの前にいのちと幸せを、また死と災いを置く。

答唱詩編 詩119・1—3　15—18 （たとえば典礼聖歌75「神よあなたのことばは」）

使徒書 ガラテヤ5・13—25 キリスト・イエスにある者は、その肉と情欲を十字架につけた。

アレルヤ アレルヤ、アレルヤ。わたしは律法や預言者を廃するためではなく、完成するために来た。アレルヤ。

福　音 マタイ5・17—20 わたしのおきてを行い、またそうするように教える者は、天の国で偉大な者と呼ばれる。

(二) その他の朗読箇所

旧約書

1 創世記3・1—19　園の中央にある木の実を取って食べた。

2 創世記4・1—15　カインは弟アベルに襲いかかって殺した。

3 創世記18・17—33　十人の義人がいるなら、わたしはソドムを滅ぼさない。

4 出エジプト17・1—7　「神はわたしたちの中におられるのか、おられないのか」と言って、彼らは神を試みた。

5 出エジプト20・1—21　わたしはあなたの神、主である。わたし以外に神々があってはならない。

6 申命記6・4—9　心を尽くして主である神を愛せよ。

7 申命記9・7—19　あなたがたは逆らい通しであった。

8 サムエル下12・1—9、13　ダビデはナタンに言った。「わたしは神に対して罪を犯しました。」

9 ネヘミヤ9・1—20　イスラエルの民は集まって断食し、自分の罪を告白した。

10 知恵1・1—16　正義を愛せよ。知恵は悪い心に入らず、罪にふけるからだに住まない。

11 知恵5・1—16　悪人の希望は風に吹き飛ばされるもみがら。しかし正しい人は永遠に生きる。

12 シラ28・1—7
隣人の過ちをゆるせ。そうすれば、祈りによってあなたの罪はゆるされる。

13 イザヤ1・2—6 15—18
わたしは子どもたちを育てた。だが彼らはわたしに逆らった。

14 イザヤ5・1—7
わたしは愛する者のためにぶどう畑を作り、甘いぶどうを待ち望んだのに、野生のぶどうしかならなかった。

15 イザヤ43・22—28
わたしは、わたし自身のためにあなたの罪をぬぐい去る。

16 イザヤ53・1—12
神は、わたしたちのすべてのとがを彼に負わせた。

17 イザヤ55・1—11
悪者がその道を捨て、神に立ち帰るなら、神はあわれみ、豊かにゆるしてくださる。

18 イザヤ58・1—11
飢えた者にパンを配り、悩む者に心を傾けるなら、あなたの光はやみの中に輝き出る。

19 イザヤ59・1—4 9—15
あなたがたが神から離れているのは罪のためである。

20 エレミヤ2・1—13
彼らは二つの悪を行なった。いのちの水の泉であるわたしを捨てて、水をたくわえることのできない水だめを掘った。

21 エレミヤ7・21—26
わたしの声に聞き従え。そうすればわたしはあなたがたの神となり、あなたがたはわたしの民となる。

22 エゼキエル36・23—28
わたしは清い水を注ぎ、わたしの霊をあなたがたの中に置く。わたしのおきての道をあなたがたに歩ませる。

23 ホセア2・16—25
わたしは、あなたと永遠の契約を結ぶ。

24 ホセア11・1―11
わたしは彼らを腕に抱いて運んだ。しかし彼らは、わたしがいやしたことを知らなかった。

25 ホセア14・2―10
イスラエルよ、あなたの神のもとに帰れ。

26 ヨエル2・12―19
心を尽くしてわたしに立ち帰れ。

27 ミカ6・1―15
公義を行い、いつくしみを愛し、神とともに歩むことを求めよ。

28 ミカ7・2―7 18―20
神はわたしたちをもう一度あわれみ、すべての罪を海の深みに投げ入れてくださる。

29 ゼカリヤ1・1―6
わたしに帰れ。そうすればわたしもあなたがたに帰る。

答唱詩編

30 詩編13
31 詩編25
32 詩編31・2―7
33 詩編32
34 詩編36
35 詩編50・7―8 14―23
36 詩編51
37 詩編73
38 詩編90
39 詩編95
40 詩編119・1 10―13 15―16
41 詩編123
42 詩編130
43 詩編139・1―18 23―24
44 詩編143・1―11

使徒書

45 ローマ3・22―26
46 ローマ5・6―11
47 ローマ6・2b―13
48 ローマ6・16―23

49 ローマ7・14―25
50 ローマ12・1―2　9―19
51 ローマ13・8―14
52 コリント5・17―21
53 エフェソ2・1―10

54 エフェソ5・1―14
55 エフェソ6・10―18
56 コロサイ3・1―10　12―17
57 ヘブライ12・1―5

キリスト・イエスにあるあがないによって、無償で義とされた。

主・キリストによって和解を受けたわたしたちは、神をほめたたえ、喜こぼう。

あなたがたは罪に死んだ者、キリスト・イエスにあって神に生きる者と考えよ。

罪の価は死である。しかし神のたまものは、主キリスト・イエスにある永遠のいのちである。


わたしはみじめな人間である。だれがわたしを解放してくれるのか。

心の一新によって自分を変えよ。

やみのわざを捨て、光の武具を身につけよう。

神はキリストによって、世をご自分と和解された。

神は、大きな愛のゆえに、罪によって死んでいたわたしたちを、キリストとともに生かしてくださる。


あなたがたは以前はやみであったが、主にあって光となった。光の子として歩め。

悪の日に際して抵抗できるよう、神の武具を身につけよ。

キリストとともによみがえったのなら、地上のものではなく、上のものを求めよ。

あなたがたはまだ、罪と戦って血を流すまで抵抗したことがない。

58 ヤコブ1・22−27 みことばを実行する者になれ。聞くだけの者ではいけない。

59 ヤコブ2・14−26 信仰があると言っても、行いがなければ何の役に立つのか。

60 ヤコブ3・1−12 ことばで傷つけない人がいたら、それは完全な人である。

61 一ペトロ1・13−23 あなたがたがあがなわれたのは、銀や金のように朽ちるものによってではなく、罪のないキリストのとうとい血によるのである。

62 二ペトロ1・3−11 あなたがたが召され、選ばれたことを確かなものとせよ。

63 一ヨハネ1・5−10 2・1−2 もし罪を言い表すなら、真実で正しい神はその罪をゆるし、不正からわたしたちを清めてくださる。

64 一ヨハネ2・3−11 兄弟を憎む者はやみの中にいる。

65 一ヨハネ3・1−24 わたしたちは、死からいのちに移ったことを知っている。それは兄弟を愛しているからである。

66 一ヨハネ4・16−21 神は愛である。愛のうちにある人は神のうちにとどまり、神もその人のうちにおられる。

67 黙示2・1−5 悔い改めて、初めの行いに立ちもどれ。

68 黙示20・11−15 人はそれぞれ自分の行いに応じて裁かれた。

福音

69 マタイ4・12−17 悔い改めよ、天の国は近づいた。

70　マタイ5・1－12
心の貧しい人は幸い。

71　マタイ5・13－16
あなたがたの光を、人びとの前に輝かせよ。

72　マタイ5・17－47
まず兄弟のところに行って和睦し、それから帰って供えものをささげよ。

73　マタイ9・9－13
わたしが来たのは、義人ではなく罪人を招くためである。

74　マタイ18・15－20
あなたがたが地上でつなぐものは、天でもつながれている。

75　マタイ18・21－35
心から兄弟をゆるさないなら、天の父もあなたがたに、そのようになさる。

76　マタイ25・31－46
小さな者の一人にしたことは、わたしにしたのである。

77　マルコ12・28－34
「すべてのおきての中で、何が一番大切ですか」

78　ルカ7・36－50
彼女は多く愛したから、多くゆるされた。

79　ルカ13・1－5
あなたがたも悔い改めなければ、同じように滅びる。

80　ルカ15・1－10
一人の罪びとが悔い改めるなら、天に大きな喜びがある。

81　ルカ17・1－14
あなたに対して日に七度罪を犯しても、「悔い改めます」と、七度あなたのところに来るならゆるせ。

82　ルカ18・9－14
神よ、罪びとのわたしをあわれんでください。

83　ルカ19・1－10
人の子は、失われた人を探して救うために来た。

84　ルカ23・39－43
あなたはきょう、わたしとともに楽園にいる。

85 ヨハネ8・1－11

あなたがたのうちで、罪のない人から石を投げよ。

86 ヨハネ15・1－8

実を結ばない枝は刈り取られ、実を結ぶものは、もっと多くの実を結ぶために刈り込まれる。

87 ヨハネ15・9－14

わたしのことばを守るなら、わたしの友である。

88 ヨハネ19・13－37

イエスは、「成し遂げられた」と言って頭を垂れ、霊をお渡しになった。

カトリック儀式書　ゆるしの秘跡

1978 年 4 月 25 日　第 1 版発行
2016 年 4 月 25 日　第 5 版発行
日本カトリック司教協議会認可

編　集　日本カトリック典礼委員会
発　行　カトリック中央協議会
〒135-8585 東京都江東区潮見 2-10-10 日本カトリック会館内
☎03-5632-4411（代表）

印　刷　モリモト印刷株式会社

Printed in Japan

定価はカバーに表示してあります
ISBN978-4-87750-006-1 C3016

乱丁本・落丁本は、弊協議会出版部あてにお送りください
弊協議会送料負担にてお取り替えいたします